Jest

Tawk

by
LES BLAIR

About "JEST TAWK", from th' authur —

I writ this book becauze of a real need. Th' Anglish langwich is in a real mess. You kin travel 'round this country an' it seems like city people are tawkin' in a furrin langwich. They're agittin' harder an' harder to unnerstan' in their tawk.

This here book is to fill thet gap, — to hep teach peeple to use Anglish thet us country peeple kin unnerstan'. I writ it kinda' like a dicshunary, but I put in some ways of usin' th' words. I also throwed in a few common sayin's of th' peeple thet live close to th' soil.

Don't be 'shamed to carry this here book with you, an' tryin' to improve yerself with it. You'll jest gain lotsa' rewards in knowledge an' wisdom. Larn good Anglish outta this book by usin' it.

If'n this book heps you, write an' let me know, — but use good country tawk. Better yet, if'n you should be by Lake Of Th' Ozarks here in Missouri, stop at my place an' say howdy, — in tawk I kin unnerstan', of course. Thanks fer buyin' this here book.

— Les Blair

Ozark-Maid Candies
5857 Osage Beach Parkway
Osage Beach, Missouri 65065
1-573-348-2202
ozarkmaid@gmail.com

Country sayin's . . .

"Don't bawl over spilt milk, — jest find yerself 'nother cow to milk."

"Yer 'bout as useless as a hog with a side-saddle."

"There never wuz a lane thet didn't have a turnin'."

"You'd complain if'n you wuz hanged with a new rope."

"Yep, he's adoin' good, — got th' world by th' tail with a down-hill pull."

"Money? Why, he's got money 'nough to burn a wet mule."

"My campaign wuz a bust, — went over like a lead balloon."

"Yer so dirty thet yer not fittin' to 'ssociate with hawgs."

"Th' only way you cud become a bigger liar is you'd have to put on weight."

"He ain't got sense 'nough to pound sand in a rathole."

"He's as dumb as a box of rocks."

"That's as handy as a pocket on a shirt."

"He ain't got sense 'nough to cum in outta th' rain."

"Why, he's big 'nough to go bear huntin' with a switch."

"He's as busy as a one-armed paper hanger."

"He's duller than a widder womans axe."

"That knife is so dull it wudn't cut hot butter."

"Thar he wuz, grinnin' like a skunk eatin' cabbage."

"Happy? Yep, he wuz as happy as a hawg inna mud wallow."

"He's happier than a dog inna meat-packin' house."

"Yer as slow as th' seven-year itch, seven years behind scratchin'."

"Stingey? Why, that feller is so tight he'd skin a flea for th' tallow."

"If brains wuz dynamite, he wudn't have 'nough to blow his nose."

"Thet's 'bout as useless as puttin' a milk bucket under a bull."

A — (an) *"Teach, ah brot yew a apple."*

ACK — (act) *"Billy Joe, set down an' ack lak yew got sum sense!"*

AD-MAR — (admire) *"I shore admar thet prechur when he preachs them hell-far 'n damnation sermons."*

ADD-ELED — (addled) *"Thet feller mus' be drunk er addled, th' way he's staggerin' 'roun."*

A-FAR — (afire) *"Paw! Cum a runnin'!; — Th' barn's a-far!"*

A-FEARED —˙(afraid) *"If'n I wuz as big as thet feller, I wudn't be afeared ter go bar huntin' with a switch."*

A-FORE — (before) *"Set down, afore I swat yew one on yore behine!"*

AG-GER-VA-TED — (aggravated) *"Ever'thangs went wrong terday; — I'm shore aggervated."*

A-GIN — (again) *"Paw, thet feller acourtin Ruth Ann is here agin."*

AH — (I) *"Ah feel bad 'bout thet, but ah jest cain't hep it."*

AH'M — (I am) *"Ah'm feelin' kinda' porely terday."*

AIL-YUNS — (aliens) *"Peeple thet's jus' moved in frum New Yawk er Chicager is ailyuns."*

AIG or AIGS — (eggs) *"I'd lak sum bacon 'n aigs fer brekfus."*

AIGGED — (egged; urged) *"Its Billy Bob's fault, cauze he aigged him on 'till he done it!"*

AIL-IN' — (sick; ailing) *"Jed? He ain't been wurkin' lately; — he's been ailin."*

AIN'T — (is not; am not) *"Nope, — I ain't kiddin'!"*

AINT — (ant) *"Hev' yew got aints in yore paints? — Yer awful figetty."*

AIN'T GOT NO COUTH — (rude; uncouth) *"He eats jest lak a hawg at a trough; — he ain't got no couth!"*

AIN'T NO SLOUCH — (good in its or his/her class) *"Thet Ellie shore ain't no slouch at cookin."*

AINT-SY — (antsy, nervous) *"Yer awful aintsy; — as nervus as a long tailed cat inna room fulla rockin' cheers."*

AIM — (intention) *"I aim to be up an' reddy ter go by sun-up, at th' latest."*

AIR — (are) *"Yew air goin', ain't chew?"*

AIR-ER — (arrow) *"Lak' thet poet feller sez: 'I shot a airer inter th' air, 'n I don'no whur it fell."*

AIR-ISH — (breezy) *"It shore is airish out terday."*

AIR-Y — (any) *"Yep, I went squrrel huntin', but I din't git airy one."*

AIR-Y-PLANE — (airplane) *"Hev' yew ever flew in a real airyplane?"*

A-LAS-KER — (Alaska)

AL-FALF or AL-FAL-FEY — (alfalfa) *"My field a' alfalf is lookin' purty good this year."*

ALLUS — (always) *"Seems as tho' bad luck allus happens ter me."*

ALM-ER-NECK — (alamanac) *"I allus plant my crops by th' almerneck."*

A-MER-I-KY — (America) *"Ain't it great ter live in sech a place as Ameriky?"*

AN' — (and) *"Pass th' 'taters an' gravy, pleeze."*

ANG-LISH — (English) *"Yew shud allus use good Anglish when yer tawkin' to sumbody."*

ANK — (ink) *"Git sum pen an' ank, I want ter write a letter."*

ANN-IE-MULL — (animal) *"Whut kinda' anniemull is thet?"*

ANN-IE-GOG-GLIN' — (slanted) *"Thet board ain't straight; — it's anniegogglin."*

AN-TY-FRIZ — (anti-freeze) *"Put sum anty-friz in th' raddy-ater, — it's sposed to turn cold ternite."*

A-PLEN-TY — (sufficient) *"I got wood aplenty fer winter if'n it ain't too long."*

A-PEER-UNT — (apparent) *"It's apeerunt to me thet yew ain't apayin' 'tention to whut I'm sayin."*

APT — (liable) *"He ain't apt to do thet."*

A-QUAR — (aquire) *"I'm gonna aquar thet forty thet joins our south line sum day."*

5

A-RAB — (Arab) *"He mus' be a A-rab, — wearin' thet turbin an' thet bedsheet."*

AR-GY — (argue) *"Don't argy with me!"*

AR-ISH — (Irish) *"Th' Arish allus sang songs 'bout Arlund."*

AR-ISH 'TATER — (Irish potato) *"I lak' Arish 'taters best of awl fer plantin."*

ARN — (iron) *"I got to arn sum clothes if'n we're gonna hev' anythang to wear to church."*

ARN-CLAD — (iron-clad) *"I got a arn-clad 'greement with him, an' hit's down on papur!"*

ARN-WURK — (iron-work) *"Thet shore is sum' purty arn-wurk in thet buildin."*

ARN-RY — (onery—mean) *"Thet boy is so arnry, I thank I'd kill him an' tell God he died, if'n it wuz me!"*

A-RO-MIE — (aroma) *"Hev' yew had a bath? I smelt a bad aromie when yew raised yore arm."*

AR-THUR — (author) *"Who's th' arthur a' thet book?"*

AR-TIC-KLE — (article) *"I saw a article 'bout thet in th' paper yestiddy."*

AR-US — (Iris) *"I thank Arus is a purty flar, but I lak' Peonys better."*

A-SKEERED or A-SKEERT — (scared) *"He ain't got sense 'nough to be askeered a' nuthin."*

AST — (ask) *"I ast her onc't, an' she said no."*

AS-TER — (ask her) *"Wal, why don't yew jest aster agin?"*

AT-TAR — (attire) *"Thet's strange attar to be wearin' to church."*

A-TAW — (at all) *"I don't lak' him ataw; — he jest strikes me wrong."*

A-TRACK — (attract) *"He shore kin atrack gurls lak' bees to honey."*

A-TAK — (attack) *"Purl Harbur wuz a sneak atak."*

AT-TER — (after) *"Yep, he cum' by atter yew left."*

AW — (exclamation — "aw shucks")

6

AW-KERD — (awkward) *"Thet boy is shore big-footed an' awkerd, — lak' a bull in a chiner closet."*

AWL — (all) *"Ma, he et awl th' 'taters, — he's a hawg!"*

AWL-OVERS — (all-overs — nerves) *"I shore got th' awl-overs terday; — jest a bundle a' nerves."*

AXED — (asked) *"I don't know whut he thanks, I never axed him."*

-B-

'BACK-ER — (tobacco) *"Got a chaw a' 'backer?"*

BACK-'ERDS — (backwards) *"Ignert! — Yew got thet in back'erds!"*

BACK-SET — (relapse) *"Pore Elsie Mae, she's done hed a back-set with thet lumbago."*

BAD-MOUTH-IN' — (being derogatory) *"Don't be bad-mouthin' her; — she ain't done nuthin."*

BAINK — (bank) *"I got ter go to th' baink an' borry sum' muney to buy thet new tractur."*

BAIT — (big portion) *"He mus' be awful hongry, cauz he shore ate a bait a' vittles."*

BAL-LIT — (ballot) *"I thank we shud vote on this by secrut ballit."*

BA-NAN-ER — (banana) *"Don't slip on thet bananer peelin' an' bus' yersef."*

BANCH — (bench) *"Jessie? Oh, as usual he's asittin' an' whittlin' on thet banch in front of th' store."*

BAR — (bear) *"Ever been bar huntin'?"*

BAR'L — (barrel) *"I been hevin' more fun then a bar'l a' monkeys."*

BAWK — (balk) *"Com'on ref', — thet wuz a bawk!"*

BE'AN — (being) *"Be'an as yer here, set an' visit a spell."*

BEAN FLIP — (sling-shot) *"I kin kill a squrrel with a beanflip; — it shore saves buyin' bullets."*

BEU-TER-FUL — (beautiful) *"Hain't it a beuterful day?"*

BECK N' CALL — (at hand; ready to answer) *"Jest holler at me, — I'll be at yer beck n' call."*

BE-COME — (became) *"He's become plum' uppity since he cum' inter thet muney."*

BE-COM-IN' — (becoming; attractive) *"Thet dress is vury becomin;' — Yew shud wear it more often."*

BE-GUMMED — (saying — "I'll begummed")

BE-HINE — (behind, also posterior) *"I git behine with my housewurk if'n I don't keep at it."* or *"My behine is sore frum settin' on thet tractur awl day."*

BE-HOLDEN — (indebted) *"I'm beholden to yew fer lendin' me a han' putttin' up mah corn."*

BELL-ER — (bellow; yell) *"Don't beller, I kin hear yew!"*

BE-LONG-IN'S — (belongings; possessions) *"She moved in with awl her belongin's, — bag an' baggage!"*

BE-MEAN-IN' — (degrading) *"Hits bemeanin' ter beg."*

BES-TUS — (best) *"Thet wuz th' bestus punkin pie I ever et."*

BIG-GERN — (bigger; biggest) *"I noodled a catfish t'other day, an' he shore wuz a biggern."*

BIG-GE-TY — (stuck up; snooty) *"Thet bainkers wife is awful biggety."*

BIG ARNGE — (orange soda) *"Mr. Purdy, I'll hev a ice cold big arnge."*

BIG WINDY — (lie; tall tail) *"Aw, yer tellin' me a big windy, — ain't yew?"*

BILE — (boil) *"Thet cawfee needs ter bile sum more, it's awful weak."*

BITS — (money) *"Whut! — Two bits fer a sody?"*

BLAHS — (depression) *"No, I ain't sick, — I jest got th' blahs terday."*

BLAINK — (blank) *"He shore kin lie with a blaink face."*

BLAS-TED — (saying) *"Whar is thet blasted thang?"*

BLINE — (blind) *"Are yew plum' bline? It's rite thar in front a' yore nose!"*

BLUE JOHN — (skimmed milk) *"I 'low as I'll hev sum blue john with my corn bread."*

BOB WAR or BOBBED WAR — (barbed wire) *"Thet bob war fance shore tore th' seat outta m' britches."*

BOOK-RED — (educated) *"He tawks lak' he's book-red."*

BOOG-GER — (mean one) *"Thet boy shore is a booger; — jest gits inter ever' thang!"*

BORNED — (born) *"Quit yore joshin' me; — you thank I wuz borned yestiddy?"*

BOR-RY — (borrow) *"Miz Purtle, cud I borry a cup o' sugar?"*

BO-THER-MUNT — (irritation) *"I don't mean to be sech a bothermunt to yew, — but cud I borry yer saw?"*

BOUND-EN — (indebted) *"Yew done me a goodness thar; — I'm bounden to yew."*

'BOUT — (about) *"Thar ain't a thang to wurry 'bout, — so quitcher frettin."*

BRAINTCH — (branch, creek) *"Bobbie Lee, go down ter th' braintch and git me sum water to do my warshin."*

BRAY-MER — (Bhrama) *"He's got sum Braymer cows."*

BR'AR — (briar) *"I got a br'ar stuck in my fanger when I wuz pickin' burries."*

BRASH — (over-bearing) *"Don't be so brash! — Yer a raglar smart-aleck!"*

BREK — (break) *"Brek three aigs inter thet bowl fer me, an' I'll stir up a cake."*

BRESH COLT — (illegitimate child) *"Pore youngun; — Yew know thet he's a bresh colt?"*

BREK-FUSS — (breakfast) *"Want sum bacon an' aigs fer brekfuss?"*

BRESH — (brush) *"Thar's a rabbit unner thet pile a' bresh."*

BRIT-CHES — (pants; trousers) *"Git yore britches on afore yew freeze yore behine off!"*

BUBS — (bulbs) *"I planted sum tulip bubs las' Sprang, an' they reely growed good."*

BULL DUR'M — (Bull Duram) *"Gimme a sack o' Bull Dur'm; — I'm plum' out a' smokes."*

BUNGED UP — (injured) *"Harve reely got bunged up when he fell inter thet well."*

BUR'L — (barrel) *"I'm hevin' more fun then a bur'l a' monkeys."*

BURR-IES — (berries) *"Do yew lak' Blackburries or Rasburries best in a cobbler?"*

BUT-TER-BALL — (saying) *"I'm agittin' fat as a butterball."*

BY CRACK-IES — (saying) *"By crackies, I lak' it!"*

-C-

CAFF — (calf) *"Our ole cow hed a purty heifer caff las' nite."*

CAIN-SUS — (Kansas) *"Thet Cainsus shore is big an' flat."*

CAM-RY — (camera) *"He's so dern ugly, takin' a pitchur of him wud brake th' camry."*

CAN-NY-DATE — (candidate) *"He sez thet he's gonna be a cannydate fer guvner. He'd mak' a goodern!"*

CAT-ER-WAUL — (cry loudly) *"I'll buy yew a sucker, if'n yew'l jest quit thet caterwaulin."*

CAT-RIDGES — (cartridges; bullets) *"I need to stop at th' store an' buy sum catridges fer m' rifle."*

CATS MEE-YOW — (great; good) *"Thet shore is a fine car; — Its th'cats meeyow!"*

'CAUSE — (because) *"Why? Oh, no reason; — jest 'cause I wont tew."*

CAW-FEE — (coffee) *"Wanta cuppa cawfee afore supper?"*

CAWK — (calk) *"Yew hed better cawk thet boat, — its leakin' lak' a sieve!"*

CAWT — (caught) *"Abner went fission an' cawt sevrul fish."*

'CEPT — (except) *"Ever' one went 'cept me, — I wuz feelin' porely."*

CHEW — (form of you) *"Whut chew doin'?"*

CHANCT — (chance) *"I kin do it, jest give me a chanct."*

CHAN-CY — (risky) *"Wal, its chancy, but I'll let yew try."*

CHAW — (chew) *"Chaw on thet fer awhile."* or *"Want a chaw a' 'backer?"*

CHAWED — (chewed) *"His arm wuz all chawed up by thet grizzly bar."*

CHEER — (chair) *"Hev a cheer, an' make yersef ter home, — I'll pore yew sum cawfee."*

CHEER-Y — (cheerful) *"Yer reely bright an' cheery terday!"*

CHES-TER DRAWS — (chest of drawers) *"I put yer socks in yore chester draws."*

CHILE — (child) *"Chile, git out frum under foot, — don't be botherin' me."*

CHILL-'EN — (children) *"They jest don't know when to quit, — they got 'leven chill'en."*

CHINE-Y — (China) *"Yew keep on diggin' thet hole, yew'll be cumin' out in Chiney."*

CHIST — (chest) *"He's been sick abed, — got a cold in his chist."*

CHIT-LINS — (fried entrails) *"I'll hev a side order o' chitlins with them beans, pleeze."*

CHOKE-LET — (chocolate) *"I shore lak' chokelet cake with vaniller ice cream on hit."*

CHOMP — (bite; chew) *"Chomp on thet, an' see if'n it ain't th' best yew ever et."*

CHUR — (form of your) *"Whut chur tellyphone number? — I'll rang yew up sum'time"*

CHUR-KEE — (Cherokee) *"I thank he's a haff blood Churkee injun."*

CHUR-MUN — (chairman) *"Mr. Churmun! Mr. Churmun! Cud I hev' th' floor?"*

CIPH-ERS — (do arithmatic) *"Donnie Lee, do yore ciphers afore yew go to bed."*

CITY SLICK-ER — (opposite of hayseed) *"Yew kin shore tell thet feller is a city slicker, — he cain't tell a bull frum a heifer cow."*

CLOB-BER — (hit very hard) *"I'm gonna clobber yew if'n yew don't quit aggervatin' me!"*

CLUM — (climb; climbed) *"Thet cat reely clum up thet tree when thet dawg went atter him."*

CLUMB — (climb; climbed) *"He clumb thet big tree jest lak' a munkey."*

COFF — (cough) *"Do yew need sum coff surp? — Yew shore got a bad coff."*

'COM-MA-DA-TIN' — (accomadating) *"He wuz reel nice ter me; — vury 'commadatin."*

COL-LY-RAD-DY — (Colorado) *"I hear tell they got sum big hills out thar in.Collyraddy."*

CON-FUZED — (confused) *"I'm plum' confuzed 'bout this."*

CON-NIP-SHUN FIT — (tantrum; irate display) *"Yore Paw will hev' a connipshun fit when he sees whut yew done!"*

CON-SARN — (concern) *"Thank yew fer yore consarn. — Thets reely nice."*

CON-SARN HIT! — (saying) *"Consarn hit! Leave me be!"*

CON-TEM-PU-LAY-TUN — (contemplating) *"I'm contemppulatun th' step a' gittin' married."*

'COONS AGE — (long span of time) *"Whar on Earth hev' yew been? — I ain't seed yew in a 'coons age!"*

'CORD-IN' — (according) *" 'Cordin' to Maw, yew hev' been reel mean terday."*

CORN DOD-GER — (cornbread) *"Wud yew hev' sum' corn dodger with them beans?"*

'COURSE — (of course) *" 'Course I got sum muney, — I kin pay m' own way!"*

COUR-SIN' BEES — (watching bees to see flight direction and find their tree)

'COUNT — (account) Thet Ab Perkins orter be in jail, — he jest ain't no 'count."

COW CRIT-TER — (heifer or female cow) *"How meny cow critters hev' yew got ter sell?"*

COW BRUTE — (bull or male cow) *"I got ten cow critters an' one cow brute ter sell."*

CRACK-LIN'S — (fried pork rind) *"I lak' frash cracklin's with corn pone."*

CRAINK — (crank) *"Craink her up. — Lessee if'n she runs."*

CRICK — (creek) *"I'll be thar if th' good Lord's willin', an' th' crick don't rise."*

CRICK — (stiffness) *"Hev' yew got a crick in yer nack?"*

CRIT-TER — (animal) *"Whut kinda critter is thet?"*

CROSS-PATCH — (prone to be cranky; irritable) *"Simmer down, — don't be sech a cross-patch."*

'CROST — (across) *"Kin yew swim 'crost th' pond an back?"*

CROW — (brag) *"Wal, yew jest barely won, so don't crow too much 'bout it."*

CUD — (could) *"Cud you give me a hand, pleeze?"*

CUD — (matter being chewed) *"Thet pitchur feller has got a big cud a' 'backer in his jaw."*

CUDN'T — (could not) *"He tried an' tried, but he jest cudn't do it."*

CUKE — (cucumber) *"Did yew grow sum cukes in yer gar- den?*

CUM' — (come) *"Aw, cum' on now, gimme a kiss, — yer paw won't even know."*

CUM FRASH — (come fresh) *"Th' ole heifer won't cum frash 'till March."*

CUP-PA — (cup of) *"Wanta cuppa cawfee tew git yew start- ed this mornin'?"*

CUR — (mongrel dog) *"Ole Yeller ain't much, — he's jest a a cur dog."*

CUSS — (curse; use profanity) *"If'n yew cuss, I'll warsh yore mouth out with soap!"*

CUSS-ED-NESS — (meanness) *"It's jest pure cussedness thet mak's him pull them tricks."*

CUSS-WORD — (curse; profanity) *"Cain't yew even tawk 'thout usin' cuss-words?"*

CUTT-IN' UP — (acting silly; unruly) *"Yew young'uns settle down an' quit thet cuttin' up!"*

CUZ — (cousin) *"Jed is my cuz, on my Maws side."*

CUZ-IN — (cousin) *"Whut yew doin', Cuzin Bob?"*

CYAR — (car) *"He's shore got a nice cyar, — a Caddylack."*

-D-

DAD-BLAMED or DAD-GUMMED — (saying) *"Wal, I'll be dad-blamed, — don't thet beat all?*

DAINTZ — (dance) *"Wud yew lak' to go out an' daintz next Sattiday night?"*

DAL-LY — (delay; linger) *"Wal, don't jest dally 'round, git ter goin'!"*

DANG-DEST — (saying) *"Now ain't thet th' dangdest thang!"*

DAR — (dire) *"Thet famly shore is pore; — they're in dar need."*

DAST — (dare) *"I don't dast do thet."*

DAS-N'T — (dare not) *"I dasn't do thet, — it jest ain't right."*

DAWG — (dog) *"Hesh, dawg! Quit thet howlin' an' barkin'!"*

DAWG-GONE — (saying) *"Wal, dawg-gone!"*

DAWG-TROT — (easy run) *"He wuzn't runnin' vury fast; — 'bout a dawg-trot."*

DAWK-TER — (doctor) *"Better tellyphone th' dawkter; — I feel awful porely."*

DEESH — (dish) *"Now 'fess up, — did one a' yew youngan's brake this deesh?"*

DEETCH — (ditch) *"He slud his cyar inter th' deetch an got marred down."*

DE-PIT-TY — (deputy) *"Kennie Paul uster be depitty unner Shurf James."*

DI-DOE — (fancy manuever) *"She kin cut quite a didoe on th' daintz floor."*

DIBS — (first pick) *"I got dibs on thet piece o' cake!"*

DIFF-RUNT — (different) *"He's shore diffrunt than his bruther. Yew wudn't know they wuz kin."*

14

DIE-VAN — (divan; sofa) *"Jest set on th' dievan, thar."*

DIN'T — (did not) *"I don't keer whut Jimmy Joe sez, — I din't do it!"*

DIS-GUS — (disgust) *"Thet jest fills me with disgus!"*

DIS-RE-MEM-BER — (don't remember) *"I been tryin' to thank, but I disremember whut her name wuz."*

DITH-ER — (state of excitement) *"Now, Ellie Mae, don't git yersef in a dither."*

DOB — (small amount) *"Add jest a dob o' butter to thet pie."*

DOE-DOE — (one out of touch) *"She's out of it, — a raglar doe-doe."*

DOE-SI-DOE — (square dance manuever) *"Ladies join left, — Now doe-si-doe!"*

DONE — (did) *"I gotta 'fess up, — I done it!"*

DON-ICK — (rock; stone) *"Look out! — Thar's a big donick in th' road!"*

DOO-DAD — (gadget) *"Thet's sum doo-dad yew got thar."*

DOO-HIC-KEY — (gadget) *"Jest turn thet doo-hickey thar."*

DOWN IN TH' BACK — (stiff or hurt back) *"No, I ain't been wurkin' lately, — I been kinder down in th' back."*

DRA-MER — (drama) *"Shakespeer? — He wuz th' arthur of a dramer."*

DRANK — (drink) *"Wud yew pleeze give me a drank o' water? I'm dry as a gourd!"*

DRANK-IN' — (drinking) *"Joe Bob mus' be drankin' agin; he cain't wawk straight."*

DRAP — (drop) *"He sed he hadn't hed a drap to drank, but he cudn't wawk a stait line."*

DRECK-LY — (directly; soon) *"Yew go on ahead, — I'll be thar dreckly."*

DREMPT — (dreamed) *"I drempt I wuz fightin' a big bar las' nite; — it wuz sum nitemare."*

DRUTH-ER — (would rather; choose to) *"I'd druther drag a board then do thet."*

DRUTH-ERS — (choice) *"If'n I hed my druthers, I wudn't do it."*

15

DUB-BLE — (double) *"I got me a twelve gauge dubble barl fer prowlers, an' it ain't loaded wif sofer pillers!"*

DUN-NO — (don't know) *"I jest dunno whut to say, but I'll thank on it."*

DURN' — (during) *"Jed, yew snored durn' church!"*

DY'NE — (dying) *"They's two shore thangs, — taxes an' dy'ne."*

-E-

EACH — (itch) *"Maw, I gotta each on my behine!"*

EAR BOBS — (ear rings; jewelry) *"Are them new ear bobs yer wearin'? — They shore are purty."*

EENCH — (inch) *"Yew jest cain't trus' thet feller; — give him a eench an' he'll tak' a mile."*

EEN-IE — (any) Aunt Viree, hev' we got eenie mail terday?"

EL-LA-NOISE — (Illinois) *"He moved ter Chicager, Ellanoise."*

EL-LUM — (elm) *"Thet shore is a purty ellum tree."*

EN-TAR — (entire) *"I lost my entar crop a' corn las' season; — it jest got too dry."*

ERL — (oil) *"I'll tak' a gallon of gas an' two quarts a' erl."*

ERR-ER — (error) *"Joey made five errers on his 'rithmatic."*

E-RUP — (erupt) *"It mus' hev' been sumthin' to have seen one a' them volcaners erup."*

ET — (ate or eaten) *"Thet boy et thet 'hole pie!"* or *"Hev yew et yet?"*

ETCH — (itch) *"I reely gotta etch frum thet pizen ivy."*

EVE-NUN' — (evening — after 2 PM) *"Evenun.' — How'r yew this evenun'?"*

EVER-WHUT — (what ever) *"I don't reely keer, — jest everwhut yew decide."*

EX-TREE — (extra) *"We wuz charged fer thet extree cuppa cawfee."*

EYE-WAY — (Iowa) *"Deemoin? It's in Eyeway."*

-F-

FAM-LY — (family) *"He's shore got a big famly."*

FANCE — (fence) *"I gotta fix fance in th' back paster terday, afore th' cows git out."*

FAN-GER — (finger) *"I mashed my fanger with a hammer, an' it hurt lak' blue blazes."*

FAR — (fire) *"Yew start a far in th' farplace whilst I start sum brekfuss."*

FAR-ARM — (firearm) *"I allus curry a fararm in m' pickumup, jest in case I see a squrrel er sumthin."*

FARRED — (fired) *"Th' boss jest cum in an' farred him."* or *"I never even farred my gun."*

FAR TAR — (fire tower) *"He wurks fer th' Forest Sarvice. He watches fer fars on th' far tar."*

FAT-BACK — (fatty salt pork) *"I lak' fat-back an' corn pone fer supper sumtimes."*

FAWN-CHIN' — (eager) *"Quitcher fawnchin' at th' bit; — yew'l git yore chanct."*

FEEL-IN' PORE-LY — (feeling sick) *"I been feelin' porely fer 'most a week now."*

FELL-ER — (fellow, man) *"Whut's a feller gonna dew?"*

FER — (for) *"How much will yew give me fer this 'possum?"*

FER'T — (for it) *"Wanter sell thet 'possum? — I'll give yew a dollar fer't."*

'FESS UP — (confess, admit to truth) *"Why don't yew jest 'fess up; — yew know yew did it!"*

FETCH — (bring) *"Fetch me in sum wood, Billie Joe."*

FETCH UP — (end up) *"He'll fetch up in jail, th' way he's goin."*

FIG-GERED — (deduced) *"I figgered thets whut wud happen, an' I wuz right!"*

FIG-GERS — (caculations) *"Wal, 'cordin' to my figgers, thet's 'bout whut it cums to."*

17

FI-NA-GLE — (scheme) *"I'm tryin' ter finagle 'round an' git it cheeper."*

FISS-ION — (fishing) *"Wanta go fission? I hear they're bitin' sumthin' fierce."*

FIT — (fought) *"He fit a good fight, but he lost."*

FLOO-ZIE — (female with bad reputation; — prostitute) *"She ain't nuthin' but a floozie!"*

FLANG — (fling; or party) *"Flang thet over here, wud yew?" or "Le's go out an' hev' a flang."*

FLAP-DOO-DLE — (nonsense) *"Thet's a lot a' flap-doodle!"*

FLAR-A-DEE — (Florida) *"They shore grow good arnges down in Flaradee."*

FLAR — (flour) *"Git a sack a' flar whilst yer in town."*

FLAR GRAVY — (flour gravy) *"I shore lak' thet flar gravy 'long with sum good biscuts."*

FLEENCH — (flinch) *"Don't fleench, I ain't gonna hit yew; — not yet, anyways!"*

FLOUNCE — (prance with airs) *"She shore does flounce 'round, don't she?"*

FLOUT — (show off) *"Yew ain't got nuthin' to flout."*

FOD-DER — (feed) *"It's time ter feed; — go give th' cows sum fodder."*

FOL-DE-ROL — (fancy items) *"Thet dress shore has got a lotta fol-de-rol."*

FOO-FA-RAH — (much ado) *"Thet's a lotta foo-fa-rah fer nuthin."*

FOO-LISH-MUNT — (foolishness) *"Thet's a lotta foolishmunt, — I jest don't believe innit!"*

FOR'D — (foward) *"Yew got to keep goin' for'd to keep frum goin' back'erds."*

FOTCH — (fetch; bring) *"Fotch thet poker to me, Joe Bob; — I need ter stir up th' far."*

FRAI-DY CAT — (person with no courage) *"Don't be sech a fraidy cat! Turn out th' light!"*

FRANCH — (French) *"I kin speak Franch flewuntly, — 'most as good as my Anglish."*

FRASH — (fresh) *"Are yew sartin these aigs are frash? — Looks lak' they'r 'bout ready to hatch to me."*

FRASH-MUN — (freshman) *"He wuz a collige frashmun las' year."*

FRI-DY — (Friday) *"I cain't hardly wait 'till Fridy, — thets payday!"*

FRIZ — (frozen) *"It shore is cold as billy-blue; mah ears is pert nigh friz."*

FRUM — (from) *"We gotta lettur frum Sammy Lee terday."*

FUR — (far; — or for) *"Yer goin' thet fur? Whut in th' world fur?"*

FUR PIECE — (long distance) *"Thet shore is a fur piece ter go!"*

FUR-RI-NERS — (foreigners) *"Thar's gittin' to be lots a' furriners 'round. I saw a feller frum New Yawk terday."*

FUST — (first) *"He's allus th' fust in line when it cums to eatin."*

FUTH-ER — (farther) *"Thet's futher down th' road by 'least a mile."*

-G-

GAL — (girl; woman) *"Thet gal shore is sum looker; — she draws fellers like bees ter honey."*

GALL-IN' — (irritating) *"It's reely gallin' ter me, hearin' thet kinder tawk."*

GA-MY — (smelly; stinky) *"Jake, fer Hevens sake tak' a bath, — yer gittin' awful gamy!"*

GAN-DER — (look) *"Let me tak' a gander at thet, — I ain't ever saw one lak thet."*

GA'NT — (gaunt; thin) *"Yer lookin' kinder ga'nt; — Yew off yore feed?"*

GAP — (gate, in fence) *"Open th' gap an' I'll drive th' cows inter th' pastur."*

GAR-DEEN — (guardian) *"Th' jedge 'pointed me as gardeen fer pore Jim Bobs younun's."*

GARN-TEE — (guarantee) *"Thet horse ain't blind, — I'll garntee it!"*

19

GAWK — (stare) *"It ain't perlite ter gawk lak' thet."*

GEE — (turn right) **HAW** — (turn left) *"Cum' on mule, — Gee! — Now haw!"*

GEE-ZER — (odd person) *"He shore is a strange ole geezer, ain't he?"*

GEE-GAW — (trinket) *"Yew allus git sum' gee-gaw in Crackder Jacks."*

GID-DAP — (get going, horse) *"Giddap thar, Blackie!"*

GIN-NEL-MUN — (gentleman) *"He's quite a ginnelmun, bein' so perlite an' all."*

GIN-NEL-MUN COW — (bull) *"Thet reely is a fine ginnelmun cow yew got fer yer herd."*

GIN-RUL — (general) *"He got to be a ginrul in th' ormy."*

GIT — (get) *"Git yer own ice cream; — this is mine!"*

GIT A-LONG — (moving parts of body) *"Whut's th' matter, Ab, — yew got a ketch in yer git along?"*

GIT-CHA — (get your) *"Did yew gitcher new cyar yet?"*

GIT-CHA EARS LOWERED — (get your hair cut) *"Yew look difrunt terday, — Yew gitcher ears lowered?"*

GIT-IN' HITCHED — (getting married) *"I hear thet Jess an' Elle are finely gittin' hitched."*

GIT-UP — (attire) *"Whut kinder git-up is thet?"*

GIZ-MO — (gadget) *"Whut kinda' gizmo yew say thet wuz?"*

GLAD RAGS — (dress clothes) *"Put on yore glad rags, an' le's go out an' daince."*

GLOB — (indefinite amount) *"Yew left a big glob a' mud on th' front porch."*

GLOM — (take possession) *"Glom onta thet poke chop if'n yew wont it."*

GOB — (indefinite amount) *"Looks lak' yew raised a big gob a' corn this year."*

GO-FER — (person to run errands, carry things) *"I jest begun thet job, so I'm jest a go-fer."*

GOOD-'N — (good one) *"Yew may be jest a go-fer, but I bet yer a good'n."*

GOOD-ERN — (good one; has quality) *"It's a goodern, ain't it?"*

GON-NA — (going to) *"I'm gonna go ter bed now; — I feel lak I been rode hard an' put away wet."*

GON-NIES — (saying) *"By gonnies!"*

GORE-MET — (gourmet) *"I'm a raglar goremet when it cums to pickin' good hambugers."*

GOS-PEL — (truth) *"I heered thet story thru th' grapevine, but I thank it's gospel."*

GOT TH' BLAHS — (depressed) *"I got th' blahs terday; — I jest wish I hadn't got outta bed."*

GRAN-NY — (low, low gear; or midwife) *"Yew'll hev' to put this ole truck in granny to mak' thet hill ahead."*

GROUN-'HAWG — (ground hog) *"Yew hev' a happy Groun' Hawgs Day!"*

GROWED — (grown; mature) *"I din't hardly know yew, cauze yew shore are growed up."*

GRUB — (food) *"Le's hev' sum' grub, — I'm so hongry thet I cud eat a horse!"*

GUESS-TER-MATE — (estimate) *"I ain't reely shore 'bout my figgers; — it's jest a guesstermate, so don't hold me to thet price."*

GUL-LEY WARSH-ER — (very hard rain) *"Whew! Whut a rain we hed las' night! — It wuz a toad strangler an' gulley warsher!"*

GURL — (girl) *"They got three young'uns, — one gurl an' two boys."*

GUSS-IED UP — (dressed up) *"Whut yew awl gussied up fer? Goin' tew a daince?"*

GUV-NER — (govener) *"He shud be a purty good guvner, — he's quallyfied."*

-H-

HAD-A-COL — (had a call) *"Whilst yew wuz gone, yew hadacol, — it wuz yore gurlfriend."*

HAFF — (half) *"It's 'bout a mile anna haff to th' crick frum here."*

HAID — (head) *"Thet wuz a dum' thang tew do, — hev' yew got a hole in yer haid?"*

HAIL — (Hell) *"Thet preachur kin shore preach on Hail far an' damnashun."*

HAIN'T — (is not or has not) *"Hain't been too hot fer yew, has it?"*

HANK-ER — (yearn) *"I hanker to go back home an' see th' folks, sumtimes."*

HANK-RUN' — (yearning) *"In fac', I got a hankrun' to go home rite now."*

HANT — (ghost) *"I bet thet ole house has got a hant innit!"*

HAR — (hire) *"Yew goin' to har a helper in th' store?"*

HARD — (hired) *"I hard an' extry han' to he'p pick corn."*

HARD HAN' — (hired helper) *"Yew shud hev' a hard han' to he'p yew with th' chores."*

HAR-IN' — (hiring) *"Wal, I won't be harin' ennybody jest now, — I cain't 'ford it."*

HAR-MON-ICK-ER — (harmonica) *"I kin play th' harmonicker an' th' Juice horp."*

HAW — (turn left) **GEE** — (turn right) *"Haw thar, mule! — Now gee!"*

HAWG WARSH — (false information) *"Thet ain't true; — it's jest a lotta hawg warsh!"*

HAY-ER — (hair) *"Oh, my goodness! — lookit me, my hayer is a mess!"*

HEAP — (good amount) *"It tak's a heap a' livin' to mak' a home."*

HEERED — (heard) *"I cum by to see yew cauze I heered yew wuz fellin' porely."*

HECK — (saying) *"Aw heck, go 'head an' kiss me if'n yew wont to."*

HED — (head) *"He don't hev' his hed screwed on strait, if'n yew ask me."*

HE'D — (he would)) *"He'd be th' one to be Churmun, he's quallyfied."*

HE'EL — (he will) *"Do yew thank he'el win th' 'lection?"*

HEN TRAKS — (bad handwriting) *"I cain't read these hen traks of yorn."*

HE'P — (help) *"I cain't he'p it if'n I cain't write good."*

HERE-'BOUTS — (in this area) *"We ain't got no school herebouts."*

HER-MUNT — (hermit) *"He lives 'lone all th' time, — jest a raglar hermunt."*

HER'N — (hers) *"It ain't her'n! — It's mine!"*

HESH — (hush; be quiet) *"Oh, will yew young'uns just hesh up fer onct!"*

HET — (heated) *"Th' water's done het, so go on an' wash th' deeshs."*

HET UP — (heated up; mad) *"Now don't git awl het up, — jest simmer down."*

HEV' — (have) *"I'm busted! Hev' yew got a dollar yew cud loan me?"*

HICK-ER' NUT — (hickory nut) *"Thet squrrel is eatin' a hicker nut."*

HIDE-NER-HAIR — (any trace) *"I ain't seed hide-ner-hair of th' younguns fer an' hour."*

HI-DEY — (hello) *"Hidey! How be yew?"*

HI-DEY-DOO — (hello) *"Hidey-doo! Purty day, ain't it?"*

HIGH-FA-LU-TUN — (snooty) *"I jest don't lak' her high-falutun ways."*

HINE EN' — (hind end; posterior) *"I'm gonna whup yore hine en' if'n yew don't stop thet!"*

HIT — (it) *"Hit ain't easy, — bein' a sax symbul."*

HIS'N — (his) *"No, thet ain't her'n. I thank it's his'n."*

HISS-Y — (tantrum; fit) *"Ellie hed a hissy when she saw Donald Joe with thet other womun.*

HOE-CAKE — (corn bread) *"Hoe-cake reely goes good with fish, beans, 'tater soup; — er 'bout ennythang."*

HOL-LER — (yell; or hollow) *"Yew'l hev' to holler fer Joe Bob, — he's down in th' holler."*

HOL-LER-IN' — (yelling) *"Quit thet hollerin'! — I hear yew!"*

HOLT — (hold) *"Don't wurry, I gotta holt of it!"*

HOME-Y — (comfortable) *"I lak' yore house; — it's nice an' homey."*

HON-GRY — (hungry) *"I want'a eat, — I'm hongry!"*

HORN-SWOG-GLE — (fool) *"Don't let thet fas' tawkin' city feller horn-swoggle yew!"*

HOR-SEY DOE-VERS — (hors d'oeuvres) *"Thet wuz a fancy party; — they even hed them horsey doevers!"*

HORSE-PER-TAL-ITY — (hospitality) *"Th' Buckner's are nice, — they show yew lotsa horsepertality when yew visit*

HORSE-PIT-TLE — (hospital) *"Eula Sue Perkins went to th' horsepittle yestiddy, — gallstones!"*

HU-MON-GUS — (very big; gigantic) *"They'v shore got sum humongus mountins out in Collyraddy!"*

HUN-NERT — (hundred) *"I feel lak' I'm 'bout a hunnert years old terday, — lak I wuz sent fer an' cudn't cum."*

HYAR — (here) *"Hyar I is, an' hyar I'll stay!"*

HY-DRUN — (hydrant) *"Git me sum water frum th' hydrun, — th' raddyator is gittin' hot."*

HY-WAU-YUN — (Hawaiian) *"I wud lak' to see th' Hywauyun Ilan's sum day."*

-I-

I-DEE — (idea) *"I lak' thet, — it's a good idee, even if'n it wuzn't mine!"*

IF'N — (if) *"If'n yew happen to go to town, I wud lak to ride along."*

IG-NERT — (ignorant; dumb) *"He din't larn a thang in school, — he's plum' ignert!"*

IN-ET-TU-BLE — (inedible) *"Th' fish is inetuble, — it's spoilt!"*

IN-JUN — (indian) *"He's a full blood Churkey (Cherokee) injun."*

IN-JUN GIV-ER — (one who wants gift back) *"Yew give me thet knife, an' now yew wont it back; — Injun giver!"*

IN-NER-RUP' — (interrupt) *"I shore hate ter innerup' yer conversayshun."*

IN ONE EAR 'N OUT T'OTHER — (unheeded information) *"I didn't hear; — it jest went in one ear an' out t'other."*

IN-QUAR — (inquire) *"Ellie wont's me to inquar inter yore health, Miz Percy."*

IN-SPAR — (inspire) *"Thet shud inspar him to do better."*

IN-STID — (instead) *"I'll tak' th' brown one instid, please."*

IN-VITE — (invitation) *"We got a invite fer supper ternite over at th' Prices, — so git reddy."*

-J-

JAL-OU-SIE — (jealousy) *"She's got a lotta jalousie when it cums to thet man a' hers."*

JAG — (small loan) *"Go out an' git me a jag a' wood, an' I'll start a far fer supper."*

JA'V — (did you have) *"Ja'v supper? Yer welcum to sit an' eat with us."*

JEDGE — (judge) *"Th' Bible sez — Jedge not, lest yew be jedged!"*

JEDGE-MUNT — (judgement) *"Repent! Thar'll be a Judgemunt Day!"*

J'EET? — (did you eat?) *"J'eet? We got plenty, — an' yer welcum ter sit an' eat with us."*

JEST — (just) *"Kin I hev' jest one more cookie, Aint Mae?"*

JILL-FLICK-EY — (instant) *"I gotta comb my hair afore I go, — it won't tak' a jill-flickey."*

JUICE HORP — (Jews harp) *"He kin reely play thet Juice horp."*

JUS' — (just) *"Thet's jus' 'bout 'nough."*

-K-

KAG — (keg) *"He used a 'hole kag a' nails in thet house!"*

KAFF — (calf) *"Thet's a reel purty heifur kaff yore ole cow hed."*

KANG — (king) *"He mus' thank he's a kang, th' way he spends muney."*

KAIN-SUS — (Kansas) *"Thet Kainsus shore is flat country."*

KEEP-IN' COMP-'NY — (courting; going with) *"Jed is keepin' comp'ny with Donna Mae now."*

KEER — (care) *"I don't reely keer whut yew do."*

KEE-RECT — (correct) *"Thet's keerect, I owe yew two more paymunts on thet new tar."*

KEE-YOW — (cow) *"Thet ole keeyow shore hed a purty caff."*

KETCH — (catch) *"Yer goin' ter ketch a cold if'n yew don't git sum shoes on!"*

KETCHED — (caught) *"He ketched a 'hole mess a' feesh down at th' crick."*

KETCH-IN' BABIES — (delivering babies) *"Thet dawkter shore keeps purty busy ketchin' babies."*

KETCH IN M' GIT-A-LONG — (ache , stiffness when walking) I cain't wawk thet far, — I got a ketch in m' git-a-long."

KIV-VER — (cover) *"Quit pullin' th' kivver, — Yer afreezin' me!"*

KILT — (killed) *"Hev' yew ever kilt a bar?"*

KINE-NUSS — (kindness) *"I thank yew vury much for awl yore kinenuss."*

KIN — (can; or relatives) *"Kin yew believe thet?"* or *"Th' Bakers are my kin."*

KIN-FOLK — (relatives) *"I got a lotta kin-folk down in Stone county."*

KIND-A — (sort of) *"It wuz kinda quite terday 'thout my youngans."*

KIT-TLE — (kettle) *"Thet's kinda lak' th' pot callin' th' kittle black!"*

KIT-TLE A' FEESH — (bad situation) *"Now, ain't thet a fine kittle a' feesh!"*

KNOW'D — (knew) *"I wished I'd knowed thet car wuz a lemon afore I bot it."*

KUR-SEEN — (kerosene) *"He set far to thet bresh pile with sum kurseen."*

-L-

LAFF — (laugh) *"Yew ketch a big feesh? — Don't mak' me laff."*

LAG — (leg) *"My lag is reely stiff; — got a bad ketch in m' git-a-long."*

LAIMP — (lamp) *"It's agittin' dark. Lite th' kurseen laimp an' brang it here."*

'LAR-UM — (alarm) *"I didn't wont to 'larum yew."*

LAR-RUP-UN — (very good tasting) *"The poke chops an' gravey is larrupun good!"*

LARN — (learn) *"Wont yew ever larn?"*

LAS' — (last) *"Th' las' time I heered, he wuz livin' over in Sprangfeel."*

'LASS-ES — (molasses) *"Sorghtm 'lasses 'n butter goes mitey fine with biscuts."*

LATH-ER — (state of excitement) *"Now, don't go gittin' yerse'f inna lather."*

LAW-ZEE — (saying) *"Lawzee me! Ain't thet sunset sumthin' tew see?"*

LEAST-WAYS — (at least) *"Shorely yew don't hev' to go, — leastways not now."*

LEAVE ME BE — (let me alone) *"Yew better leave me be, afore I swat yew one!"*

LEA-VER — (let her / it; or lever) *"Leaver alone, I tole yew!" or "Jest turn thet leaver thet ter turn it on."*

LEA-VER BILE — (let it boil) *"No, don't tak' th' kittle off, — jest leaver bile fer a while yet."*

LE-CHUR — (lecture) *"Thet perfesser shore did give a borin' lechur."*

LES-SEE — (lets see) *"Lessee now, — how much did yew say yew wuz askin' fer thet ole cow?"*

LED — (lid) *"Put th' led on thet kittle."*

LEE-TLE — (little) *"It's a leetle late, ain't it?"*

LEM-ME — (let me) *"Lemme be! — I gotta headache!"*

LERNT — (learned) *"Yew hevn't lernt a thang, — hev' yew?"*

27

LES-PE-DEZE or LES-PE-DE-ZER — (lespedza) *"I'm goin' to sow sum lespedezer cum' fall."*

'LESS or LES-SON — (unless) *"I wont go lesson yew do."*

LET-TER — (let her / it) *"Don't jest hole onto thet board, letter go!"*

'LEVEN — (eleven) *"I got my fust job when I wuz 'leven, an' been wurkin' ever since."*

LI-BLE — (apt to) *"I'm lible to git mad if'n yew don't quit aggervatin' me!"*

LIB-'RUL — (liberal) *"He's jest too lib'rul fer me, — I ain't gonna vote fer him!"*

LICK-IN' — (defeat; whipping) *"He took a lickin' in th' las' 'lection. Dunno why he's runnin' agin."*

LIKE — (lack) *"I like two bits hevin' 'nough to git inta th' pitchur show. Yew got enny muny?"*

LIT-TER-CHUR — (literature) *"I took Anglish Litterchur in school, an' I lernt a lot."*

LOG-GER HE'D — (slow thinker) *"He's too much a logger he'd to even cum' in outta th' rain."*

LOL-LY-GAG—IN' — (laying around) *"Quitcher lollygagin'! — Git to wurk!"*

LOOK — (inspection) *"Give her a look, — see whut's wrong."*

LOO-SY-ANN-EY — (Louisiana) *"New Orleens, Loosyanney."*

'LOPED — (eloped) *"Naw, they didn't hev' a church weddin', — they 'loped."*

LOT-SA — (lots of) *"I shore wud lak to hev lotsa muney."*

LOUD or 'LOUD — (bright clothing; or allowed) *"Thet loud tie shudn't be 'loud here in church."*

LUN-ER-TIC — (lunatic) *"Quit actin' lak a lunertic!"*

LURNT — (learned) *"I lurnt good Anglish in school."*

-M-

MA — (mother) *"My ma shore mak's good chokelet cake."*

MAK-IN'S — (ingredients) *"I shore hope Ma has got awl th' makin's fer sum chokelet cake."*

MALK — (milk) *"Wont sum malk 'n cookies afore bed-time?"*

MAR — (mire) *"Yer gonna mar down in thet mudhole."*

MARRED — (mired) *"See! I tole yew thet yew'd git marred down in thet mudhole."*

MARSH-MAL-LERS — (marshmallows) *"I enjoy ter roas' marshmallers over a campfar."*

MASH — (mesh) *"It tak's fine mash screen war ter stop gnats."*

'MA-TERS — (tomatoes) *"We need sum 'maters fer our salat."*

MAW — (mother) *"Maw, is supper reddy?"*

MA-ZUR-EY — (Missouri) *"Thet Mazurey shore is a purty state."*

MEB-BE — (may be; perhaps) *"I jest don't know. — Mebbe so, — mebbe not."*

MED-DER — (meadow) *"Put th' milk cow back in th' medder."*

MELL-ER — (mellow) *"He's a-gittin' meller in his ole age."*

MEM-RYS — (memories) *"I got lotsa good memrys 'bout when I wuz a chile."*

MEND TH' FAR — (stoke the fire) *"Ralphie, mend th' far, -its a-gittin' cold!"*

MERE — (mirror) *"Yew shud look in a mere, — yer hairs a mess!"*

MESS — (ample amount, usually food) *"I wud lak' to hev' a mess a' greens to eat fer supper."*

MET-AL — (medal) *"He got a metal fer brav'ry in th' war."*

MIDD-LIN' — (average) *"Oh, I'm feelin' fair to middlin', — I don't hev' a fever no more."*

MIN-NERS — (minnows) *"Th' bes' bait fer feesh is minners."*

MIN-NUT — (minute) *"I'll be thar in a minnut."*

MIS-DOUBT — (don't believe) *"I mis-doubt thet bein' true."*

MIS-TOOK — (mistaken) *"He got mistook fer sumbody else."*

MIS-SUS — (wife) *"Th' missus? — she's been feelin' porely."*

MIS-SY-SIP — (Mississippi)

MITE — (small amount) *"Put a mite a' salt in them thar turnip greens; — they don't hev quite enuff."*

MOO JUICE — (milk) *"Pour me sum moo juice, pleeze."*

MOO-NIN' — (love sick) *"He's been moonin' over thet Sadie June Burns fer over a week now."*

MOON-SHINE or MOON — (illegal corn liquor) *"Jake mak's his own moonshine, — he's got a still back in th' woods."*

MOR'N — (more than) *"No, thankee, thet's mor'n 'nough."*

MOS' — (most) *"Maw! Yew give Sue Ann th' mos' chokelet cake! Yew mus' like her th' bes'!"*

MOS' NIGH — (very nearly) *"He mos' nigh got kilt in thet wreck he hed; — he musta' hed a gardeen angul."*

MO-TOR-SIC-KLE — (motorcycle) *"He hed a black jacket an' a Harley motorsickle; — looked kinder hoody."*

MULL — (think about) *"Let me mull thet over fer a while."*

MUN-GRUL DAWG — (off breed dog) *"Blue? Naw, he ain't nuthin' but a mungrul dawg."*

MUR-INES — (Marines) *"Th' Murines hev' landed!"*

MUR-RY — (marry) *"I don't thank he'll ever murry."*

MUS' — (must) *"Wal, I mus' go; — it's agittin' late."*

MUS-'GO'S — (leftovers in refridgerator—must go) *"Set an' eat, we're hevin' mus-'go's."*

MUS-ICK-ERS — (musicians) *"Them musickers shore kin play."*

-N-

NACK — (neck) *"Go warsh! — th' back a' yore nack is durty!"*

NAN-NERS — (banannas) *Hev' yew got eeny nanners to mak' nanner bread?"*

NARR-ER — (narrow) *"Yew got a narrer mind."*

NAR-Y — (not any) *"No, I don't hev' nary one."*

NAR-Y-'N — (not one) *"Yew don't hev' nary'n?"*

NAT-CHUR-AL — (natural) *"I reckon thet huntin' n' fisson jest cums natchural to me."*

NEART — (near to) *"We need more kivver on th' bed, — I cum pert neart freezin' las' nite."*

'NEATH — (beneath) *"Le's hev' our picnic 'neath thet appul tree; — it'll be nice an' cool."*

NEE-BRAS-KEY — (Nebraska)

NEK-KID — (naked) *"I looked up an' thar he wuz, jest nekkid as a jaybird; — musta' been one a' them purverts."*

NEW-FANG-ELD — (new; modern) *"I jest don't how ter handle them new-fangeld contrapshuns lak a warsher."*

NEW-MO-NIE — (pneumonia) *"He's been turribul sick, — got newmonie."*

NIGH — (almost; near) *"I'm hongry, — it mus' be nigh onto noon."*

NO-HOW — (not in any fashion) *"Nope, me an' him ain't goin' goin' nowhar tergather3 — nohow!"*

NO'ME — (no, ma'm; no, madam) *"No'me, Miz Purtle, I din't pull her pigtail."*

NOOD-LIN' — (catching catfish with hands) *"Jess has got a big catfish, — probly got it noodlin."*

NOPE — (no) *"Nope, I ain't agoin.' I jest don't wont tew."*

NO-WHAR — (no where) *"I sed I ain't agoin' nowhar."*

NUB-BIN STRET-CHER — (hard rain) *"Thet wuz a big rain we hed, — a reel nubbin stretcher."*

'NUFF — (enough) *"If'n yew say it's fact, thet's good 'nuff fer me."*

'NUFF SED — (enough said) *" 'Nuff sed, — I git yer meanin."*

NUP — (no) *"Nup, I don't believe I'll hev' 'nother helpin."*

NUSS — (nurse) *"He wuz mity sick, — needed a full time nuss fer a while."*

NUSSED — (nursed) *"She nussed all but one of her chillen."*

'NU-THER — (another) *"I'll hev' 'nuther biscut, if'n yew wud pass them, pleeze."*

NUTT-IN' — (nothing) *"I ain't got nuttin', — an' I don't reely need nuttin."*

-O-

OAK-A-HOM-IE — (Oklahoma)

OAK-IE-DO-KIE — (yes; okay) *"Why, thet's jest oakie-dokie with me."*

OFF-EN — (off of) *"I won't tak' thet offen no one!"*

OLE — (old) *"I'm agittin' too ole fer this sort of thang."*

ONC'T — (at one time) *"We wuz all young onc't, — an' fer sum of us it wuz a long time ago."*

ON-ERY — (mean) *"Thet boy shore is onery."*

ON-TA — (on to) *"I'm onta yew an' yore tricks!"*

ORF-UL — (awful; very) *"Ain't it orful late to be gittin in?"*

OR-FACE — (office) *"I gotta go to th' post orface an' git sum stamps so's I kin mail sum letters."*

OR-MY — (army) *"Did Ab Perkins jine th' Ormy, Navy, er Murines?"*

ORNGE — (orange) *"I wont sum ornge sody pop."*

ORT — (ought) *"Jest do whut yew thank yew ort to."*

OR-TER — (ought to) *"Yew reely orter go to church onc't in a while, jest tew show whos side yer on."*

OUT-TER — (out of) *"Git outter here afore I whop yew one!"*

O-VER-HAULS — (overalls) *"His overhauls shore are baggy in th' seat, — a raglur droopy britches."*

OWN CU-ZIN — (blood cousin; not by marriage) *"Jethro is close kin, — he's my own cuzin."*

-P-

PAN-TER — (panther; mountain lion) *"Looks lak' a panter wuz 'round las' nite, by th' sign."*

PAINTS— (pants) *"Paw! — Git yer paints on quick! We got sum compn'y at th' door!"*

PAP-PY — (father) *"My pappy wuz allus reddy to whup us when we acted up."*

PAR — (pair) *"My par of kangs beat yore par of jacks."*

PAR-FUM — (perfume) *"Whut kinda parfum yew wearin'? It shore smells good."*

PAR-SIM-MUNS — (Persimmons) Them 'possums shore dew lak' them parsimuns."

PAS-SA-BLE — (fair) *"How'm I fellin'? Oh, — passable, — jest passable."*

PAS-SLE — (large amount) *"We dug a passle a' 'taters frum our garden. It wuz a good growin' season."*

PAW — (father) *"Paw! Paw! Thar's a feller hyar to see yew 'bout th' caffs yew got fer sale!"*

PEAK-KED — (sickly looking) *"Yer lookin' mity peakked, — hev' yew been porely?"*

PEA-ONY — (peonia) *"Ain't them peonys in her yard purty?*

PEARCH — (perch; a fish) *"We ketch lotsa pearch down in th' crick, but thet's 'bout awl."*

PEART — (good) *"I'm feelin' rite peart, — th' best I've felt in a 'coons age."*

'PEARS — (appears) *"Sumtimes a feller 'pears to be whut he ain't."*

PECK-ER-WOOD — (derogatory term) *"Thet feller is sumthin' else, — a raglar peckerwood."*

PED-DY COAT — (petticoat) *"Fix yore dress! Yore peddy coat is showin', an' it looks plum tacky!"*

PEENCH — (pinch; small amount) *"If'n yew'll add jest a peench a' garlic it'll taste lots better."*

PEE-PUL — (people) *"Whuts awl them peepul do in them big cities?"*

PER-CUR-LATE — (perculate) *"I'll percurlate sum cawfee if'n yew'll drank sum."*

PER-SE-CU-TED — (prosecuted) *"Trasspassers will be persecuted with a dubble barl shotgun thet ain't loaded with sofy pillers.!"*

PER-KA-TIVE — (purgative) *"If'n yew'd tak' a perkative it'd probly hep yew."*

PER-LITE — (polite) *"Abner!; — It jest ain't perlite to pick yore teeth with yore pocket knife in public!"*

PER-TI-EST or PERTY — (prettiest, pretty) *"Ain't thet new colt th' pertiest thang?"*

PER-TI-TION — (petition or partition) *"We shud git a pertition up agin thet!" or "Th' kitchun pertition goes rite thar nex' to th' hall pertition."*

PER-SARVES — (preserves) *"Is thet strawburry persarves?"*

PERT NEART or PERT NEER — (almost) *"I pert neart kilt me a deer terday." or "I dug pert neer a peck a' 'taters outta' th' garden yestiddy."*

PIDD-LIN' — (inconsequential amount) *"Thar wuz jes a piddlin' 'mount a' candy left, so I et' it."*

PIE-AN-NA or PIE-AN-NY — (piano) *"Sara Ann is th' church pieanny player."*

PICK-IN' — (stringed instrument playing) *"We allus git th' Gran' Ole Opry on th' raddyo an' enjoy th' pickin' an' sangin."*

PICKIN' UP — (getting better) *"Aggie's been pickin' up here lately, — jest lookin' lots better."*

PID-DLE — (fool with) *"Now see whut yew did! I tole yew not to piddle with it, — an' now yew broke it!"*

PIERT — (pretty good) *"I been fellin' rite piert fer sum time now."*

PILL-ER — (pillow) *"I jest cain't sleep 'thout a piller."*

PILL-ER POKE — (pillow cas) *"Put yer piller poke on afore yew go ter bed."*

PINT — (point) *"Yew jest don't git my pint."*

PIT-CHUR — (picture) *"Thet Rembrant feller painted sum purty pitchurs."*

PIZ-EN — (poison) *"Thet gurl is pizen, I'm tellin' yew!"*

PLARS — (pliars) *"Git me a par of plars to turn this leaver."*

PLAY PUR-TIES — (toys) *"Thet youngun has got lotsa play purties."*

PLAY-IN' 'POS-SUM — (act asleep or dead) *"Yew sleepin' or jest playin' 'possum?"*

PLEA-SURES ME — (pleases me) *"It pleasures me thet yew cum visitin.' Yew shud cum more offen."*

PLUM' — (completely) *"I'm plum' tuckered out."*

POKE — (sack; bag) *"I'll tak' a poke a' jelly beans."*

POKE CHOPS — (pork chops) *"Poke chops, an' 'taters with gravy, — thet's eatin' high on th' hawg!"*

POLE-CAT — (skunk) *"I smell a pole-cat!"*

POME — (poem) *"I writ a pome onc't."*

PONE — (piece of corn bread) *"Corn pone is mitey good with feesh."*

PORE — (poor or pour) *"I'm too pore to 'ford a car."* or *"Pore sum surp on my pancakes, Maw."*

PORE AS JOBS TURKEY — (very poor) *"Thet famly has got a gob a' younguns, an' they'r pore as Jobs turkey."*

PORE-LY — (ailing; not doing very well) *"Annie Mae has hed a set back, — she's doin' porely."*

PORE-MOUTH — (talking about in derogatory manner) *"Yew shudn't be pore-mouthin' Jed, — he cain't hep whut he is."*

POSY — (flower) *"If'n yew reely loved me, yew wud brang me a posy 'r sum'thin' onct in a while to show it."*

PO-TA-TERS — (potatoes) *"I'm gonna plant sum potaters this sprang."*

POT LICK-ER — (dog or person that eats las bit) *"Thet dawg ain't good fer much, — jest a pot licker."*

POT LIK-KER — (gravy or good stuff left in pot) *"Wont to sop up sum a' this pot likker with yore bread?"*

'PRE-SHATE — (appreciate) *"Yew jest don't know how much I 'preshate this."*

PRES-SY-DENT — (president) *"Ain't this a great country? Jest thank, I cud be presydent sum day."*

PRESS-TEE-JUS — (prestigious; important) *"I wud lak' to say thet this is a pressteejus occashun."*

PRIV-Y — (restroom) *"I need to use yore privy; — is it inside 'r out?"*

PRO-MUS — (promise) *"I wont promus anythang, but I'll do my vury best."*

PROP-PIT-TY — (property) *"Thet banker feller is rich, — owns a lotta propitty."*

PROUD — (happy) *"I'm shore proud to meet yew, an jest real proud ter be here!"*

PUNK-IN — (pumpkin) *"We allus hev' punkin pie with whupped cream fer Thanksgivin."*

PU-NY — (sick, ailing; weak) *"Jeddie ain't gone ter school fer two days, — he's been kinda puny."*

PURT-IEST — (prettiest) *"I thank thet Judy Ann is th' purtiest gurl in our class."*

PUR-TY — (pretty) *"I don't thank thet she's nearly as purty as Ellie Fae!"*

PUT-CHER — (put your) *"I'll betcha! — Jest putcher muney whar yer mouth is!"*

-Q-

QUAIR — (queer) *"He's got a kinda quair sense a' humor."*

QUAR — (choir) *"We got us a reely good quar in our church."*

QUAL-LY-FIED — (qualified) *"I thank she is well quallyfied."*

QUAL-LY-FI-CA-SHUNS — (qualifications) *"Yep, I thank she's got awl th' quallyficashuns fer th' job."*

-R-

RAD-DY — (ready) *"Ain't yew raddy yet?"*

RAD-DY-O — (radio) *"Turn on th' raddyo an' le's see how th' hawg market's doin."*

RAG-'LAR — (regular) *"I tak' a bath reel rag'lar, — ever' Satiddy nite, no matter whut."*

RAG-'LATE — (regulate) *"Wal, thar's jest sum thangs yew jest cain't rag'late.*

RAIS-IN' — (childhood) *"Yew kin tell he's hed a good raisin, — he's so perlite."*

'RANCH — (wrench) *"Han' me thet munkey 'ranch an' the pipe 'ranch, an' I'll fix thet leaky hydrun."*

RANG — (ring) *"Wal, supper's raddy. Jest rang th' dinner bell an' then git outta th' way!"*

RAT — (right) *"Are yew blin;' — it's rat thar in front a' yore nose!"*

RAT CHEER — (right here) *"Cum' cheer! Rat cheer! Rat now!*

RAT NOW — (right now) *"Cum' cheer rat now!"*

RAT SMART — (very much) *"We got a rat smart ways to go afore we git home."*

RAW-SUM — (rosin) *"Thet's rawsum they'r puttin' on thar han's afore they bat."*

RAY-DOLL TARS — (radial tires) *"I got me a new set a' raydoll tars fer my car."*

RE-COM-MEM-BER — (remember) *"I recommember we hed a purty big flood back in '65."*

REEL-Y — (realy) *"Reely? Do yew reely mean it?"*

REK-ON — (believe) *"I rekon I'll lose my 'hole corn crop."*

REK-'NIN' — (summing up; settling up) *"By my rek'nin', yew owes me five dollers."*

RECK-LECT — (remember) *"Yep, I recklect thet wuz a big flood in '65."*

RE-COL-LECT — (remember) *"Wal, I recollect a worser flood back in '61."*

RE-FRASH — (refresh) *"Why don't yew refrash yersef afore supper?"*

REG-GY-LA-TOR — (regulator) *"Awl them steam injuns hed reggylators."*

RE-SPECK — (respect) *"I jest don't git no respeck, — no respeck at awl."*

RE-TARD — (retired) *"I don't wurk eeny more, I been retard fer two years now."*

RE-TAR-MUNT — (retirement) *"I git sum retarmunt muney frum th' givernmunt."*

RETCH — (reach) *"Yew got to retch out if'n yew wont to git a-holt of it."*

RHEU-MA-TIZ — (rheumatism) *"My rhuematiz is shore actin' up, — gives me a ketch in m' git-a-long."*

RIB TICK-LIN' — (very funny) *"Thet shore wuz a rib ticklin' joke!"*

RIP-UN — (ripping) *"Ralph, th' seat a' yore paints is ripun! — It's plum' embarrasun!"*

RITE SMART — (great amount) *"It tak's a rite smart 'mount a' muney ter live these days."*

RIS-IN' — (boil) *"Whut's th' matter, dearie, hev yew got a risin'?"*

RIZ — (arose) *"Now, when Jesus sed cum' forth, Lasrus riz frum th' grave an' cum forth!"*

ROCK-IN' CHEER MUN-EY — (unemployment payments) *"Look fer a job? — Naw, I'm jest gonna tak' it easy an draw my rockin' cheer muney as long as I kin."*

RU-I-NATE — (ruin; destroy) *"If'n he don't quit borry'n muney it's lible ter ruinate him!"*

RUINT — (ruined; destroyed) *"Yep, yer rite, I've see meny a feller ruint by borry'n too much."*

RUT — (root) *"Thet prechur is allus sayin' "Muney is th' rut a' awl evil", but I ain't ever seed him turn down a raise in pay."*

RU-THER — (rather) *"I'd ruther drag a board then to go to thet meetin'!"*

-S-

SAL-ARY — (celery) *"I lak' a salat with lots a' salary in it,"*

SAL-AT — (salad) *"Beth Sue, wud yew give me th' receipe the scrumshus 'tater salat a' yorn?"*

SAL-I-VATE — (chew) *"Jest salivate on thet fer awhile!"*

SANG — (sing) *"Thet gurl kin sang jest lak' an angel."*

SANG-IN' — (singing) *"We're gonna hev' a Awl Day Sangin' an' Dinner On Th' Groun' nex' Sunday!"*

SA'NT — (saint) *"Thet gurl is reely good! — She's a raglar sa'nt!"*

SAR or SAAR — (sour) *"Them pickuls is so sar they'd mak' a pig squeel!"*

S'ARCH — (search) *"Yew'll jest hev' to s'arch fer it if'n yew wont it!"*

SARRED — (soured; or sired) *"Whew! — This malk is sarred!" or "Thet sorrel stud shore sarred a fine colt!"*

SAR-TIN — (certain) *"Yep, thets a reel purty colt, thet's fer sartin."*

SAR-VIS BUR-RIES — (service berries) *"They say thet sarvis burries mak' awful good jelly."*

SAS-PRIL-LY — (sassaprilla) *"Barkeep, I'll hev a dubble sasprilly, pleeze."*

SASS-ER — (saucer) *"I allus lak' to sasser an' blow my cawfee."*

SAT-TI-DY — (Saturday) *"Wal, hyar it is Sattidy agin, — time fer my bath!"*

SAW — (seen) *"Yew shud hev' saw it! — It wuz sum'thin' else!"*

SAX — (sex) *"All them pitchur shows hev' eenymore is sax! — I thank they orta hev' more John Wayne pitchurs!"*

SAYZE — (says) *"My broker, 'Loose-lips' Hooten, sayze"*

SCRUMP-TIOUS — (delicious) *"Thet punkin pie thet yew made shore is scrumptious!"*

'SCUZE — (excuse) *" 'Scuze me! — Cud I innerup yew fer jest a secont?"*

SECH — (such) *"Yew shudn't run 'round with sech trash!"*

SEC-UN' — (second) *"Yew wont a secun' 'pinion? — Wal, okay, — yer ugly, as wal as bein' dumb!"*

SEC-UNT — (second) *"Now jest a secunt thar, yew cain't say thet!"*

SED — (said) *"Yew heered whut I sed!"*

SEED — (saw; seen) *"I wudn't hev' beleived it, but I seed it with my own eyes!"*

SE-ER — (see her) *"I been lookin' fer my ole brindle mare, — did yew se'er eenywhar?"*

SEER-US — (serious) *"Aw cum on now, git seerus!"*

SEF — (self) *"I jest feel lak' I'm a sef made man."*

SEX — (six) *"I owes yew sex dollers, — is thet rite?"*

SEZ — (says) *"Sez me! — That's who sez!"*

SHAD-DER — (shadow) *"Thet dawg jest follers me 'round lak' he wuz my shadder."*

SHALL-ER — (shallow) *"Yew kin cross th' crick rite over thar, — its shaller."*

SHAR — (shower) *"Thet wuz a good rain shar thet we hed' early this mornin."*

SHEFF — (shelf) *"When yew git thru with it, be shore an' put it back on th' sheff."*

SHET — (shut) *"Shet th' door! — Wuz yew raised in a barn?"*

SHIV-A-REE — wedding night custom to disturb newlyweds)

SHOOT-IN' ARN — (gun) *"This shootin' arn is ole, but it shore is accrute!"*

SHORE — (sure) *"Yep, I'll vouch fer thet, — it shore is!"*

SHORE-LY — (surely) *"I shorely do mean whut I sed, er I wudn't hev sed it."*

SHOW'D — (showed) *"I reckon I show'd him a thang er two!"*

SHUCK — (shook) *"Thet storm las' nite shuck th' house lak' it wuz a tar paper shack!"*

SHUD — (should) *"I shud hev known that thet wud happen!"*

SHURF — (sheriff) *"Git th' shurf! We been robbed!"*

SICK-ERN — (very sick one) *"She 'most died; — shore wuz a sickern."*

SI-DED — (took sides) *"I sided with him on thet argymunt cause I thot he wuz in th' right."*

'SIDES — (besides) *"Th' only ones at th' meetin', 'sides me, wuz Luke an Ab."*

SIT-TER-SON — (citizen) *"To be a good sitterson, yew got to git out 'n vote!"*

SKEERCE — (scarce) *"Seems as how squrls 're awful skeerce this year, — mebbe not 'nough hicker' nuts."*

SKEE-TER — (mosquito) *"I'm gonna hev' to go inside, — a skeeter jest tuk a big hunk outta me!"*

SKINT — (out-traded or skinned) *"I shore got skint in th' las' trade I made." or "He skint thet deer an' packed it out hissef."*

SKONK — (skunk; polecat) *"Whew! I dew believe thet I smell a skonk!"*

SKUN — (skinned) *"I skun thet 'coon ter mak' me a cap fer winter."*

SLANG — (sling) *"Yer gonna hev' to carry thet busted arm in a slang."*

SLAUNCH-WAYS — (not straight) *"Straiten thet pitchur up, — its kinda slaunch-ways."*

SLICK-ERN — (nice specimen) *"Thet new cyar a' yorn shore is a slickern!"*

SLOP TH' HAWGS — (feed the hogs) *"Billy Bob, it's agitten' late, — git out thar an' slop th' hawgs!"*

SMACK DAB — (exact location) *"It wuz funny, he fell an' lit smack dab in th' middle a' thet hawg waller!"*

SMART; GOT SMARTS — (sting, hurt; or got brains) *"Does thet smart?" or "Thet boy's got smarts, — he kin even do figgers in his hed."*

SMART AL-ICK — (a know-it-all) *"Shet up fer onc't an' listen, — don't be sech a smart alick!"*

SMID-GEN — (very small amount) *"Yew need jest a smidgen a' salt in thet receipe."*

SNUCK — (sneaked) *"Thet boy snuck up an' lak' to hev' scared th' life outta me!"*

SNOOT FULL — (drunk, inebriated) *"Lookit him wawk! — he reely mus' hev' a snoot full!"*

SO-SHU-BUL — (sochible) *"I know yew didn't wont to cum, but at leas' try to be soshubul."*

SO-DY — (soft drink; soda) *"I'll buy yew a grape sody if'n yew promus to behave."*

SO-DY POP — (soft drink; soda) *"Le's all hev' a ice-cold sody pop at Perkins Store."*

SO-FER or SO-FY — (divan; settee) *"Jest set yersef down on th' sofy thar, an' mak' yersef to home."*

SOFF — (soft) *"Yer hair is as soff as a rabbits fur."*

SOFF-MORE — (sophomore) *"I'm a frashmun this year, an' I'm lookin' fo'ard to bein' a soffmore nex' year."*

SOOO-EY — (used to call hogs) *"Sooo-ey! Pig! Pig!"*

SOP — (gravy; or to wipe up with bread) *"Are yew makin' sum white sop fer supper?"* or *"Sop up yer plate afore yer done eatin."*

SOP-PIN' — (very wet; also gravy) *"Whew! It shore is soppin' wet out terday!"*

SOR-GUM 'LASS-ES — (sorghum molasses) *"Yew orta try sum a' this sorgum 'lasses on them biscuts."*

SOR-RY — (bad shape; poor shape) *"Th' field is in sorry shape, — too wet ter plow an' too thick ter drank."*

SORTS, OUT OF — (cranky) *"Maws been out of sorts awl day; — I've tried ter stay outter her path!"*

SOT — (set) *"Yew jest go 'head an' sot yersef down, — sup- per's 'most ready."*

SOT IN HIS WAYS — (stubborn) *"Aw, Luther's jest ole an' sot in his ways."*

SOUR-DEANS — (sardines) *"Git out th' crackers an' I'll open sum sourdeans."*

SOW-BELL-Y — (fat salt pork) *"We're hev'in' sowbelly an' beans ternight fer supper."*

SOZE — (so as) *"No, I ain't durty, — lestways not soze yew'd notis."*

SPAR — (spare) *"Hev' yew got a spar tar in th' turtle hull tew put on?"*

SPARSE — (scarce) *"I thank thet mushroom are goin' ter be sparse this year, — not 'nough rain."*

SPAR-KIN' — (courting) *"Jeb's goin' sparkin' ternite; — thets why he's acombin' his hair."*

'SPECT — (expect or suspect) *"Wal, I 'spect I better hed fer home; — it's gittin' nigh on to supper time."*

'SPEN-DERS — (suspenders) *"Jessie! — Git yore 'spenders on afore yew lose yore britches!"*

SPILE — (spoil) *"A good rule ter foller is, — Spar th' rod, an' spile th' chile."*

SPILT — (spilled) *"Don't cry over spilt milk; — jest find yersef 'nother cow to milk."*

SPLIT TH' BLANKET — (divorce) *"They jest din't git along, so they decided ter split th' blanket."*

'SPOSE — (suppose) *"I 'spose yew wont to go ter town with me, — don't yew?"*

SPRANG — (spring) *"Sprang! — Ain't it wunderful!"*

SPRANG-FEEL — (Springfield) *"Seems as tho thar's lotsa towns called Sprangfeel in Ameriky."*

SPRAN-KLE — (sprinkle) *"We hed a sprankle a' rain las' nite, — jest 'nough ter settle th' dust."*

SPURT — (spirit) *"Play hard! Try tew win! Thet's th' spurt!"*

SQUAR — (square) *"Is both ends a' thet board squar'?"*

STAINCH — (stance) *"Lookit thet feller's stainch in th' batters box."*

STAN' — (stand) *"Yew got to tak' a stan' on sum'thin', — yew cain't straddle th' fance!"*

STANG — (sting) *"A bee reely give me a stang when I wuz pickin' burries."*

STAR-VA-TIN' — (starving) *"I cum dern near starvatin' while Ellie May wuz gone! I cain't eat m' own cookin'!"*

STEE-PLES — (staples) *"If'n yew wont bob war ter stay, yew got to use steeples."*

STID-DY — (steady) *"Stiddy thar, Blackie, stiddy!"*

STIFF-I-KET — (certificate) *"Little Ellie got a readin' stiffiket in th' secont grade."*

STOB — (stake) *"Thet stob marks th' nor'west corner a' m' propitty."*

STOMP — (stamp) *"Stomp thet big bug, afore he gits away!"*

43

'STONISHED — (astonished) *"I'm purely 'stonished to see yew show up this early!"*

STORCH — (starch) *"My shirt has got too much storch innit, — it's stiff as a board!"*

STRANG — (string) *"Better tie sum strang 'roun thet packege afore yew mail it."*

STRANG-ER — (stringer, fish) *"Thet's a reel nice stranger a' feesh yew got there."*

STROP — (strap) *"Pappy allus used a razor strop when he give us a whuppin', an' it reely smarted!"*

STUD — (stood) *"I've stud 'bout as much a' this argyin' as I kin stan'!"*

STUDY — (think, mull over) *"I'll hev' ter study on thet fer awhile afore I give yew a answer."*

SUM — (some) *"Sum kin, an' sum cain't, — sum will, an' sum won't, — but I might!"*

SUM-MA — (some of) *"Summa us don't an' summa us do."*

SUM-MERS — (some where) *"Pa's 'round here summers; — jest whar I don't ritely know."*

SUM-THIN' — (something) *"Seems as tho sumthin' cums up ever' time ter keep me frum goin'!"*

SUNG — (sang) *"She sung thet las' song jest lak' a bird."*

SUP — (sip) *"I'll hev' jest a sup a' cawfee, if'n yew got eeny on th' stove."*

SURP — (syrup) *"Donnie Joe! — Yer aputtin' too much surp on them pancakes!"*

SWAMP MEASLES — (saying for being very dirty) *"Thet boy has got a bad case a' th' swamp measles."*

SWANG — (swing) *"Wont to set in th' porch swang fer awhile afore yew go in?"*

SWAR — (swear) *"Will yew swar onna Bible to thet?"*

SWEET-ERN — (sweet person or thing) *"Thet leetle gurl shore is a sweetern!"*

-T-

TAG-GER — (tiger) *"Buford's a raglar tagger when it cums to chasin' gurls."*

TAK'S ATTER — (imitates or looks like) *"Thet boy shore tak's atter his paw."*

TAIN'T — (it is not) *"Tain't th' same as it uster be."*

TA-KEN — (gotten) *"He's taken sick since yew saw him las."*

TAK' ON — (act) *"Simmer down, don't tak' on lak' thet!"*

'TALL — (at all) *"I don't hev' eeny sugar left 'tall, — I jest cain't mak' a cake."*

TAL-LER — (tallow) *"We got to git sum taller if'n we mak' sum candles."*

TAR — (tire) *"Thet tar is one a' them new raydoll ones."*

TARD — (tired) *"I'm reely tard, — been wurkin' hard lately."*

TARN — (turn) *"Tarn 'roun, now, an' lesse if'n th' back fits."*

TAR-NA-DER — (tornado) *"We got us a storm celler, 'case we git a tarnader."*

TAR-NUP — (turnip) *"Dern rabbits been inter th' tarnup patch agin!"*

'TA-TERS — (potatoes) *"Yew cain't beat peas an' new 'taters fer eatin."*

TAWK — (talk) *"Don't jest tawk 'bout it, — do it!"*

TAX-ES — (Texas) *"Ever been to Dallas, Taxes? I hear tell it's a big town."*

TAY — (tea) *"I druther drink tay then cawfee, eeny day."*

TEACH — (teacher) *"Teach whupped Sammy Joe terday fer shootin' papur wads."*

TEE-JUS — (tedious, tiring) *"Darnin' socks shore ain't one a' my favrite thangs, — it's plum' teejus!"*

TER — (to) *"I gotta bone ter pick with yew!"*

TER-BACK-ER — (tobacco) *"Wont a chaw a' terbacker?"*

45

TER-LET — (toilet, restroom) *"Nope, — we'uns don't hev' one a' them inside terlets."*

TETCH — (touch) *"Don't tetch me! — I gotta headache!"*

TETCHED — (touched; also crazy) *"He mus' be tetched in th' hed."*

THANG — (thing) *"I don't lak it, but thar isn't a thang I kin do 'bout it."*

THANG-UM-A-BOB — (gadget) *"Whut kinda thang-um-a-bob is thet?"*

THANK — (think) *"I'll thank 'bout it fer a spell, afore I give yew my 'pinion."*

THANK-EY — (thank you) *"I wont to say thankey fer yer kineness tew me."*

THAR — (there) *"Thar ain't no way I'd do thet!"*

THAT-A-WAY — (that direction) *"He went that-a-way!"*

THERN — (theirs) *"Thet houn' dawg abarkin' is thern, — not ourn!"*

THET — (that) *"Wal, I ain't adoin' thet no more, — fer shore!"*

'THOUT — (without) *"Thet goes 'thout sayin."*

TH'OW — (throw) *"Don't th'ow me no curves, — I ain't easy fooled."*

THRA-SHIN' — (beating, whipping) *"His pappy give him a good thrashin' when he got home."*

THROT-TLE — (choke) *"I orta throttle yew!"*

TIDY UP — (straighten up; clean) *"Yew go on ter bed, — I'll jest tidy up."*

TOAD STRANG-LER — (very hard rain) *"We hed' a reel toad strangler an' gulley warsher las' nite!"*

TO-'ERDS — (towards) *"Goin' to'erds town? I need to ketch a ride if'n yew are."*

TO-MAR' — (tomorrow) *"We kin allus do it tomar', so le's jest knock off fer terday."*

TOE-SACK — (burlap bag) *"Whut yew got in th' toe-sack? — Looks lak 'taters."*

TOL-A-BLE — (fair, average) *"Oh, I'm doin' tolable, — jest tolable."*

TOLE — (told) *"I tole yew a hunnert thousan' times tew not 'xaggerate."*

TORP — (tarp) *"It's gonna rain, — better kivver thet up with a' torp."*

TOTE — (carry) *"Don't pick up mor'n yew kin tote."*

TOU-RIST-ERS — (tourists) *"Lots'a touristers 'roun this Sprang."*

TRAP — (mouth) *"Shet yore trap, — Don't sass yore Maw!"*

TRAY — (tree) *"Whut kinda tray is thet in yore yard? — a Oak or Ellum?"*

TROMP — (step heavily, stamp) *"Do yew hev' to tromp 'roun lak' a elephunt?"*

TRUB-BLE — (trouble) *"Yer a lot more trubble then yer wurth."*

TRUCK — (relations; contact) *"Don't hev' no truck with him, — he ain't no good!"*

TRUSS — (trust) *"I jest sumhow don't truss that feller, — he's too fas' a tawker."*

TUCK — (took) *"I ain't ever tuck sumthin' thet wuzn't owed me."*

TUCK-ERED OUT — (very tired) *"Pore thang, — yew look lak' yer plum' tuckere out!"*

TUFF — (tough) *"This dern meat is tuff as a boot, — yew prob'ly cudn't even cut th' gravy!"*

TUR-A-BLE — (terrible) *"Mercy! — Thets jest turable news! — I'm real sorry tew hear thet."*

TURR-PUN or TUR-RA-PUN — (terripin, land turtle) *"Lots a' turrpins on th' road terday."*

TWICT — (twice) *"I've only seen him twict in a month a' Sundays."*

TYIN' TH' KNOT — (getting married) *"How 'bout tyin' th' knot?"*

-U-

UM-BRELL-ER — (umbrella) *"Be shore an' tak' yer umbreller, — its lookin' rainy."*

UM-PARR — (umpire) *"Thet umparr mus' be blin'! — Thet fust basemun missed th' tag!"*

UNK — (short for uncle) *"Whatcher doin', Unc?"*

UN-NER — (under) *"Th' houn' dawg's unner th' house gnawin' onna bone."*

UR-INE — (yours) *"Nope, i't shore ain't mine, — so it mus' be urine."*

URL — (oil) *"Yew mus' thank I struck url, — th' way yer spendin' muney!"*

URTH — (earth) *"Whut on th' urth is th' matter with yew, — hev' yew got aints in yore paints?"*

U-STER — (at one time; used to) *"Yew uster pay more 'tention to me afore we wuz murried."*

-V-

VA-NELL-ER — (vanilla) *"Maw, cud I hev' a vaneller ice creem cone if'n I be good?"*

VAR-MIT — (animal) *"Sum kinda varmit's been inter our chicken house agin."*

VARSE — (verse) *"Le's awl sang th' fust, secont, an' forth varses a' hymn one hunnert eighty-tew."*

VARSE — (virus) *"I mus' hev' sum kinda varse, — I gotta sore throat, runny nose, an' I cain't stop sneezin."*

VIC-TROL-EY — (victrola, record player) *"Put a record on th' victroley, an' le's daince!"*

VIT-TLES — (food) *"Gitten nigh on noon, — time fer vittles."*

-W-

WAL — (well) *"Wal now, don't thet toot yer whistle?"*

WAL-LOP — (hit, beat) *"Kennie Paul, I'm agonna wallop yew if'n yew don't quit pesterin' me!"*

WAL-LOP-IN' — (beating) *"Kennie Paul got a wallopin' fer pesterin' Maw."*

WAR — (where; also wire) *"War on urth hev' yew been?"* or *"Bob war is th' best fer makin' pastur fence."*

WARN'T — (was not) *"It warn't eeny a' my doin'! — don't blame me fer it!"*

WARSH — (wash) *"I wont yew to git in thar an' warsh behine yore ears, Joe Bob!"*

WAWK — (walk) *"Little Billie wuz only ten months ole when he lernt to wawk."*

WE'UNS — (us, we) *"We'uns are jest reel proud ter meet yew!"*

WHAR — (where) *"Whar yew goin'?" "Me? — Oh, nowhar."*

WHAT-CHA — (what do you) *"Whatcha thank 'bout thet coon houn' a' mine?"*

WHEN-EVER — (at any time) *"Jest cum on over when-ever yew kin."*

WEL-CUM — (welcome) *"Welcum! — We're jest reel glad ter see yew!"*

WHIP-STITCH — (very short time) *"I'll be thar in jest a whipstitch!"*

WHIS-TLE — (metal or concrete culvert) *"Thet whistle's plum stopped up an' water's runnin' 'crost th' road."*

WHITE LIGHTNIN;' WHITE MULE — (illegal corn liquor) *"Jeb? — he made his muney makin' white lightnin' an' selling it."*

WHITE SOP — (flour gravy) *"Is thar eeny white sop left?"*

WHOP or WHAP — (hit) *"I'll whop yew if'n yew do thet agin!"*

WHOP-PER — (big lie; also big in size) *"Ab is allus settin' 'roun tellin' a big whopper."*

WHOOP 'N A' HOLL-ER — (short distance) *"Th' Papens live jest a whoop 'n a' holler frum us."*

WHUP — (whip) *"My pappy allus tole me, — Don't whup a dead horse."*

WHUPPED — (whipped) *"Th' teach whupped me fer sumthin' I din't do!"*

WHUP-PIN' — (whiping) *"Knowin' yew, — yew probly did sumthin' to desarve a whuppin."*

WHUR — (where) *"Whur did yew say yew wuz goin'?"*

WHUT — (what) *"Whut do yew thank 'bout th' hawg market?"*

WID-DER — (widow) *"It's turribul! — Whut's a poor widder womun gonna do?"*

WILL-ER — (willow) *"Sum peeple use peach limbs but I allus use willer to witch fer water."*

WILL-PARR — (willpower) *"I'm fat cauze I jest ain't got no willparr when it cums to eatin."*

WIM-MEN — (women) *"Wimmen! — Yew jest cain't do 'thout them!"*

WIN-DER — (window) *"Close thet winder! — it's agittin' cold in here!"*

WIN-NER — (winter) *"It's aturnin' cold early, — thank we'll hev' a hard winner?"*

WIT-CHIN' — (finding water) *"Th' bes' way ter find water is by witchin' fer it with a willer limb."*

WON-DER-MUNT — (surprise) *"Yew don't say, — thet's shore a wondermunt to me!"*

WONT-'CHA — (won't you) *"I got sum cawfee on th' stove, — wont'cha hev' a cup?"*

WOODS COLT — (illegitimate child) *"Thet pore youngun is a woods colt, — don't even know his own pappy."*

WORS-ER — (more worse) *"Pore Jed cain't las' long, — he's agittin' worser by th' minut."*

WRAN-KLE — (wrinkle) *"Yew'll wrankle yore church clothes if'n yew ain't keerful!"*

WRASS-LE — (wrestle) *"Want'a wrassle?"*

WRENCH — (rinse) *"Yew wrench them deeshes, Sue Ann, an' I'll warsh."*

WRIT — (wrote) *"I writ twict, but I ain't heered frum them yet."*

WROP — (wrap) *"Wrop up good so's yew wont git cold."*

WUN-NER-FUL — (wonderful) *"Ain't it wunnerful jest to be alive an' hev' good health?"*

WUNST — (once) *"We wuz all young wunst."*

WUD — (would) *"Wal, I wud lak' ter be young agin!"*

WUP — (hold it; also whip) *"Wup, hold on thar jest a minut afore I wup yew!"*

WURK — (work) *"I lak' wurk; — I kin set an' watch it awl day long."*

WURL — (world) *"Whar in th' wurl hev' yew been keepin' yersef?"*

WURR-Y — (worry) *"Don't wurry 'bout it, — no problem!"*

WUSS — (worse) *"Thar's probly been wuss times then this, but I cain't 'member when."*

WUSS-ER — (worse than) *"Wal, I don't thank thet thangs cud be wusser then they are now."*

WUZ — (was) *"The wust times I recollect wuz back in '66."*

-Y-

Y'ALL — (all of you) *"Y'all cum to see us if'n yew kin."*

YAY-US — (yes) *"Yayus, he's as ugly as a mud fence atter a hard rain."*

YELL-ER — (yellow) *"Le's awl sang 'Th' Yeller Rose A' Taxes."*

YEW — (you) *"Yew know yew kin depend on me."*

YEW BET-CHA — (that correct) *"Yew betcha! — I 'gree with thet one hunnert per cent!"*

YEW'LL — (you will) *"Yew'll be hearin' frum us, — you kin count ont thet."*

YOU'ENS — (you; all of you) *"You'ens cum over an' see us sumtime if'n yew git a chanct."*

YOUNG-'UNS — (children) *"Yew got sum awful nice young-'uns, — reel perlite."*

YORE — (your) *"Jest feel plum' welcum, — my house is yore house."*

YORN — (yours) *"Yew an' yorn 'r welcum to cum over eeny time yew wont tew."*

Y'URP or YU-RAP — (Europe) *"I fit in th' war in Y'rup, — th' big one, yew know."*

BOOKS BY LES BLAIR

Beyond Thyme: Herbs, Spices and "Stuff"

Gettysburg...the beginning of the end.

Ha Ha Tonka – Land of the Laughing Water

Jest Talk

Ma's Cookin'

Mom's Cookin'

Old As Dirt – So What!

Peace 'n' Plenty

South of the Border – Tex-Mex Cookin'

Talkin' Dirty

Note: The cookbooks are all different. There are no duplications in any of these books. You'll enjoy them all. Please order by contacting Ozark-Maid Candies.

**Ozark-Maid Candies
5857 Osage Beach Parkway
Osage Beach, Missouri 65065
1-573-348-2202
ozarkmaid@gmail.com**